CB067843

O PODER DO
AGORA
reflexões

O PODER DO AGORA

reflexões

Eckhart Tolle

SEXTANTE

Título original: *The Power of Now Journal*
Copyright © 2019 por Eckhart Tolle
Trechos de *O poder do agora* © 2000 por Eckhart Tolle
Imagens usadas sob licença da Shutterstock.com.
Originalmente publicado nos Estados Unidos por New World Library.

tradução: Iva Sofia Gonçalves Lima

preparo de originais: Rafaella Lemos

revisão: Hermínia Totti e Livia Cabrini

capa: Tracy Cunningham

adaptação de capa e diagramação: Ana Paula Daudt Brandão

imagens: Shutterstock

impressão e acabamento: Pancrom Indústria Gráfica Ltda.

CIP-BRASIL. CATALOGAÇÃO NA PUBLICAÇÃO
SINDICATO NACIONAL DOS EDITORES DE LIVROS, RJ

T59p   Tolle, Eckhart
         O poder do agora: reflexões/ Eckhart Tolle; tradução Iva Sofia Gonçalves Lima. Rio de Janeiro: Sextante, 2019.
         144 p.; 15 x 19 cm.

         Tradução de: The power of now journal
         ISBN 978-85-431-0887-2

         1. Mudança (Psicologia). 2. Autorrealização (Psicologia). I. Lima, Iva Sofia Gonçalves. II. Título.

19-60611   CDD: 158.1
                                         CDU: 159.947

Todos os direitos reservados, no Brasil, por
GMT Editores Ltda.
Rua Voluntários da Pátria, 45 – Gr. 1.404 – Botafogo
22270-000 – Rio de Janeiro – RJ
Tel.: (21) 2538-4100 – Fax: (21) 2286-9244
E-mail: atendimento@sextante.com.br
www.sextante.com.br

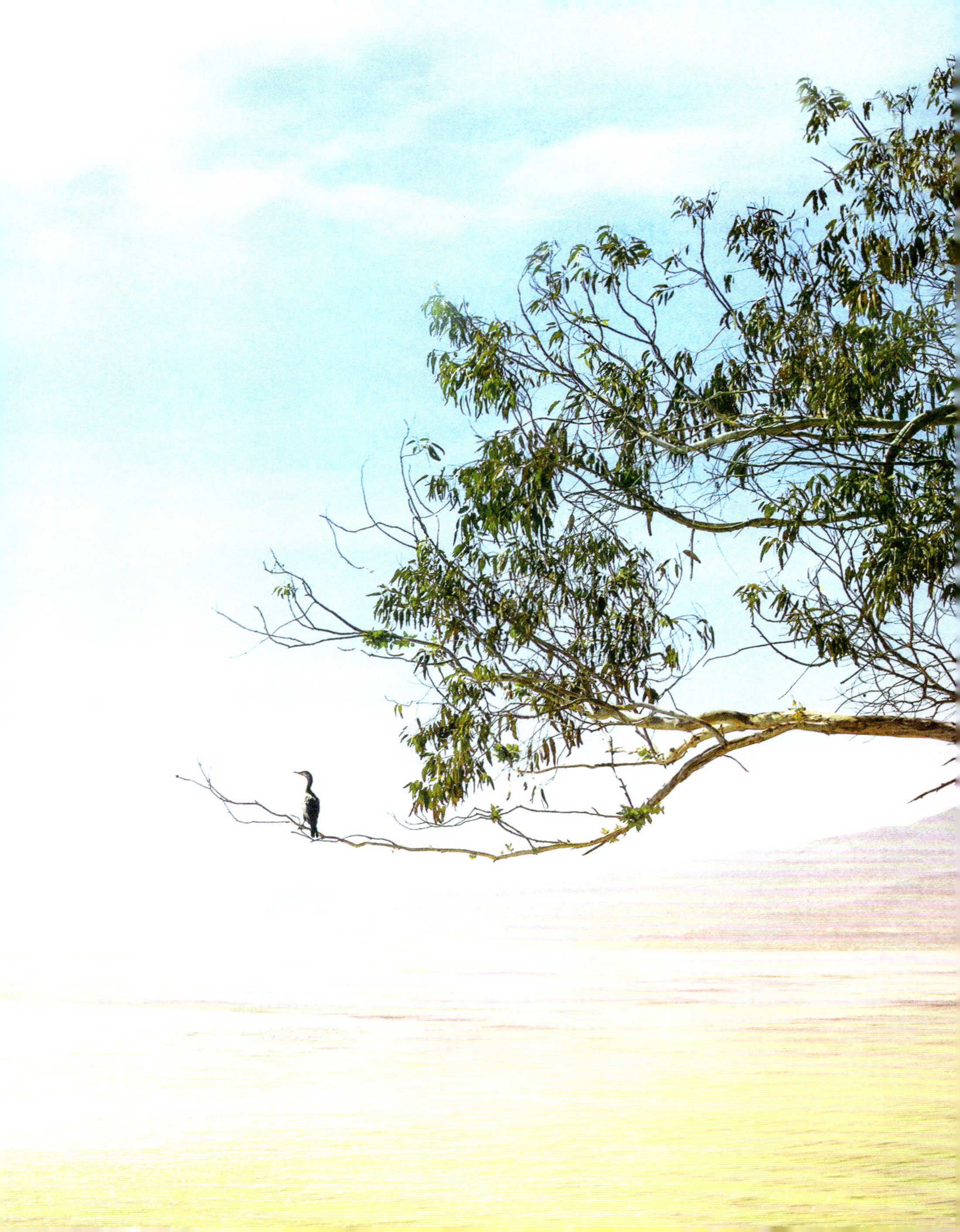

Ao partir numa jornada, é claro que ajuda muito sabermos para onde vamos... Entretanto, não podemos esquecer: a única coisa real sobre a nossa jornada é *o passo que estamos dando neste exato momento.*

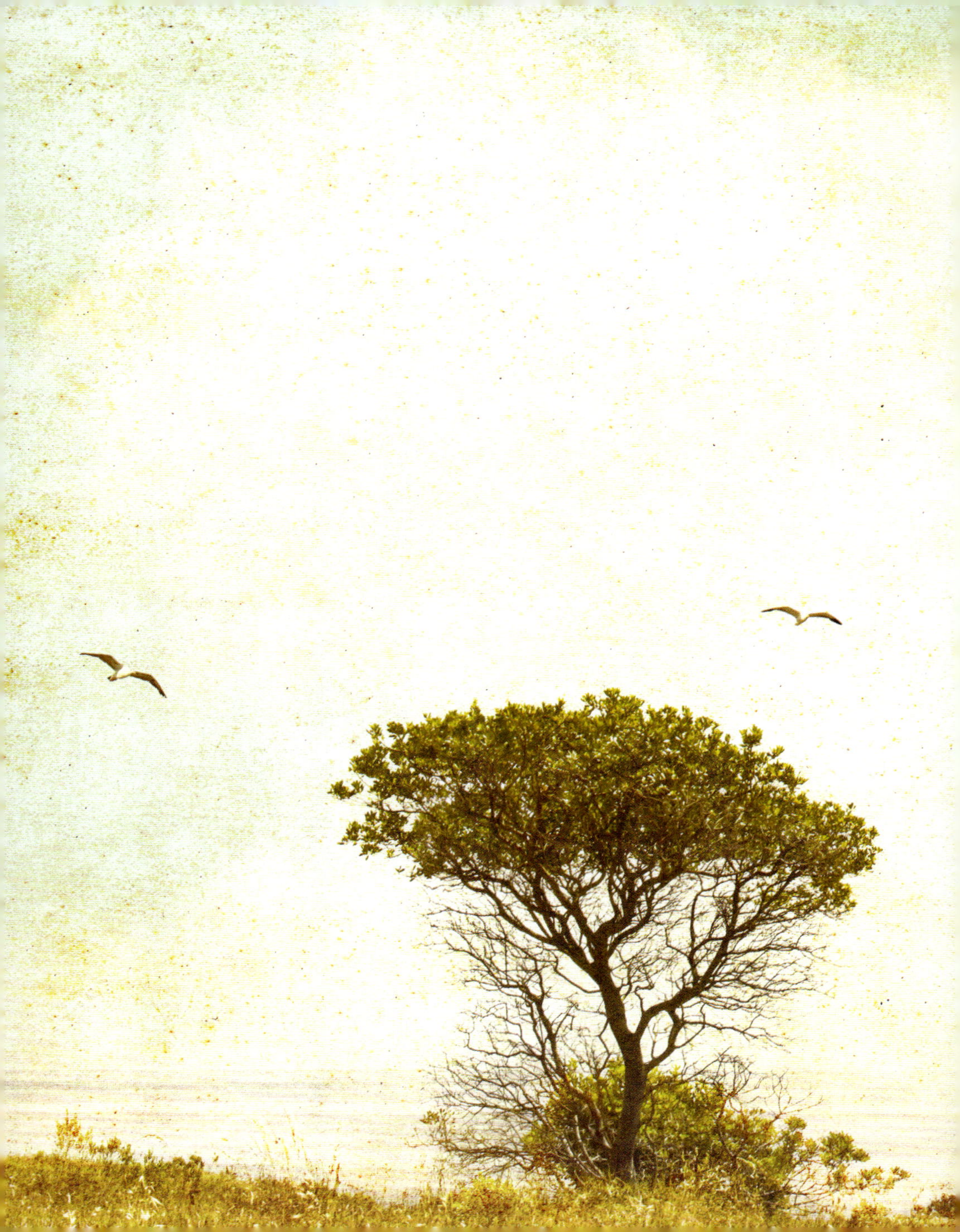

Ou seja, nossa jornada interna tem apenas um passo: aquele que estamos dando agora.

Esteja presente, esteja consciente.
Vigie o seu espaço interior.

A boa notícia é que *podemos* nos libertar de nossa mente.
Essa é a única libertação verdadeira.
Comece neste exato momento.

Só o presente pode nos libertar do passado.
Uma quantidade maior de tempo
não consegue nos libertar do tempo.

Acesse o poder do Agora. Essa é a chave.

Será que o medo está evitando

que você tome uma atitude?

Admita o medo, observe-o,

concentre-se nele, esteja totalmente presente.
Isso corta a ligação entre o medo e o pensamento.

*Essa profunda transformação
da consciência humana*
não é uma possibilidade distante no futuro,
ela está disponível agora – não importa
quem você seja ou onde esteja.

Oscilamos de um lado para o outro entre a consciência e a inconsciência, entre o estado de presença e o estado de identificação com a mente.

Perdemos o Agora várias vezes, mas retornamos a ele.
Por fim, a presença se torna o estado predominante.

Observe o ritmo da sua respiração. Sinta o ar fluindo para dentro e para fora.

Sinta a energia vital dentro do seu corpo.

Permita que as coisas aconteçam no interior e no exterior.

Deixe que todas as coisas "sejam".
Mova-se profundamente para dentro do Agora.

Esteja consciente do espaço
que permite a cada coisa existir.
Ouça os sons, não os julgue.

Ouça o silêncio por trás dos sons.

                Toque alguma coisa, qualquer coisa.

           Sinta e reconheça o Ser dentro dela.

No momento em que começamos a *observar o pensador*,
ativamos um nível mais alto de consciência.
Começamos a perceber, então, que existe uma vasta área
de inteligência além do pensamento...

Percebemos também que todas as coisas
 realmente importantes, como a beleza, o amor,
a criatividade, a alegria e a paz interior,
 surgem de um ponto além da mente.
É quando começamos a acordar.

A atenção é a chave para a transformação, e isso também envolve aceitação. A atenção é como um raio de luz: o poder concentrado da consciência que
transforma tudo nela própria.

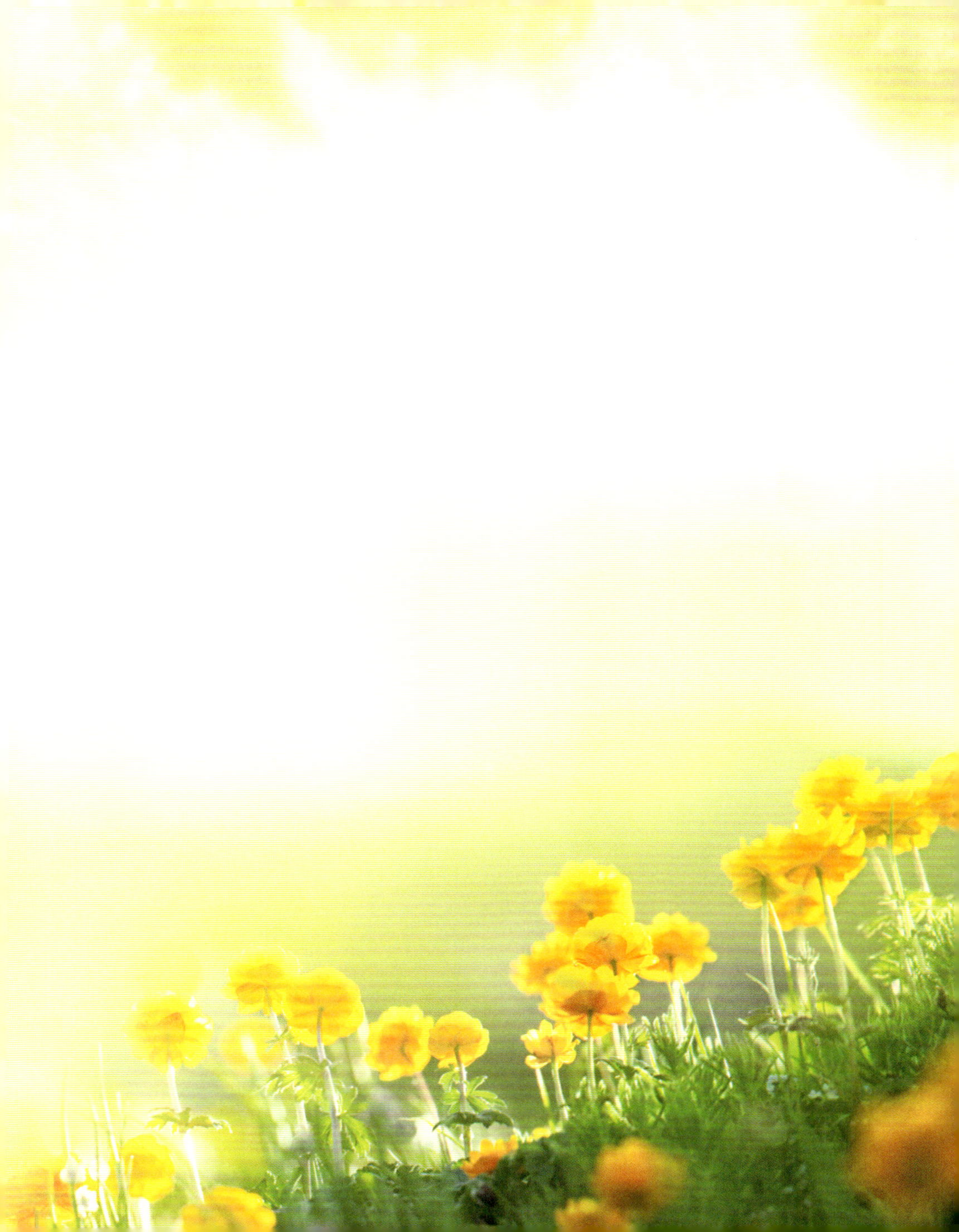

Não oferecer resistência à vida é estar em estado de graça, de descanso e de luz. Nesse estado, nada depende de as coisas serem boas ou ruins.

Não há nenhuma verdade espiritual que eu possa lhe contar que já não esteja no seu interior.
Só o que posso fazer é *chamar sua atenção para algumas coisas que talvez estejam esquecidas.*

O próximo passo é se libertar da escravidão da mente, entrar no estado iluminado de consciência e manter esse estado em sua vida cotidiana.

A palavra "iluminação" transmite a ideia de uma conquista sobre-humana – e isso agrada ao ego –, mas é simplesmente o estado natural de *sentir-se* em unidade com o Ser.

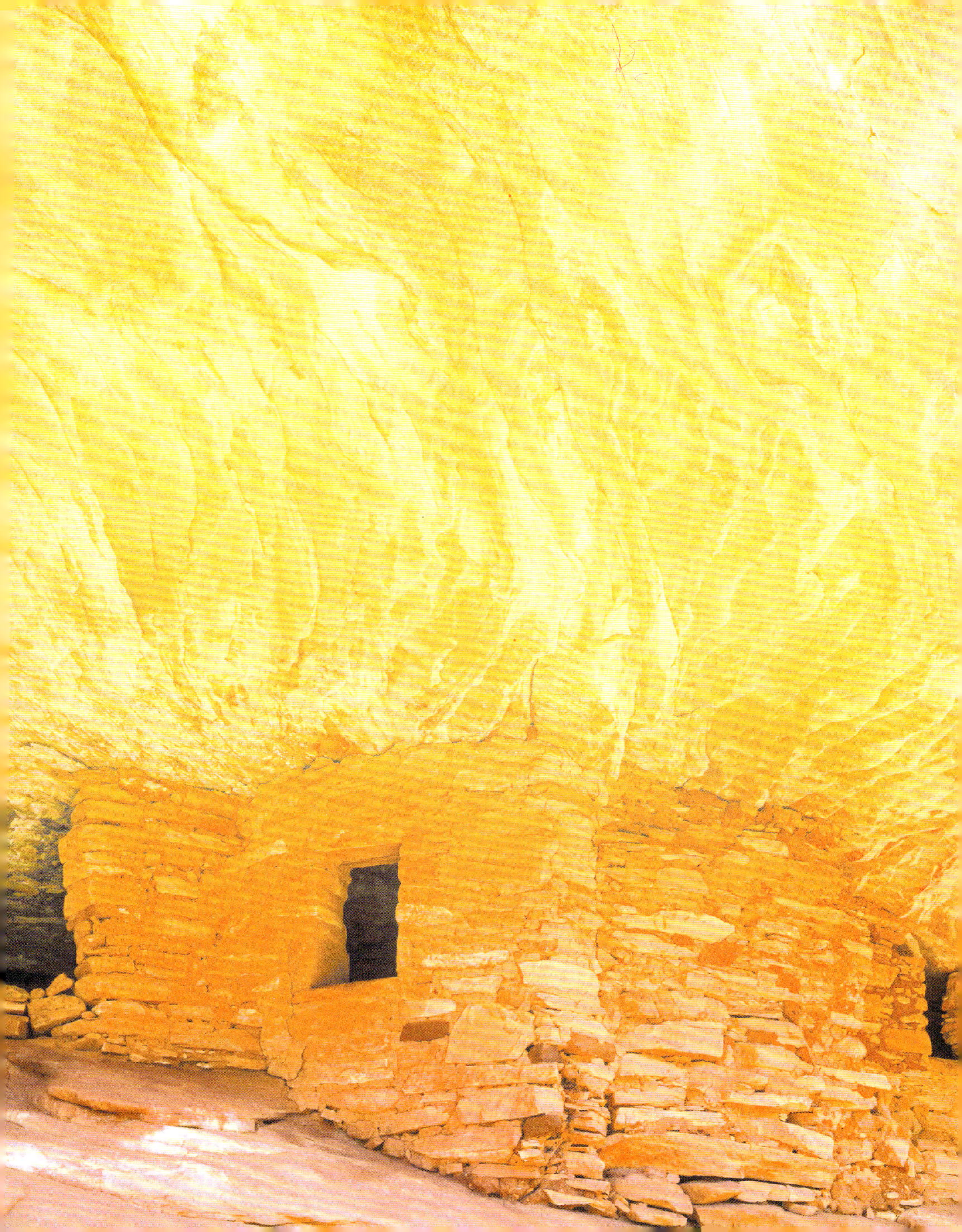

O momento presente tem a chave para a libertação.
Mas você não conseguirá percebê-lo
enquanto você *for* a sua mente.

Através do perdão – que significa reconhecer
a falta de consistência do passado
e permitir que o momento presente seja como é –, acontece
o milagre da transformação, não só do lado de dentro,
mas também do lado de fora.

Se você se sentir leve, livre e profundamente em paz,
é sinal de que se entregou completamente.

Todas as vezes que criamos um espaço
no fluxo do pensamento,
a luz da *nossa consciência fica mais forte.*

Você está poluindo o mundo ou limpando a sujeira?
Você é responsável pelo seu espaço interior,
da mesma forma que é responsável pelo planeta.

Assim é no interior, assim é no exterior:
      se os seres humanos limparem a poluição interior,
deixarão de criar a poluição exterior.

Não se entregar endurece a forma psicológica,
a casca do ego, e assim cria
uma forte sensação de separação.

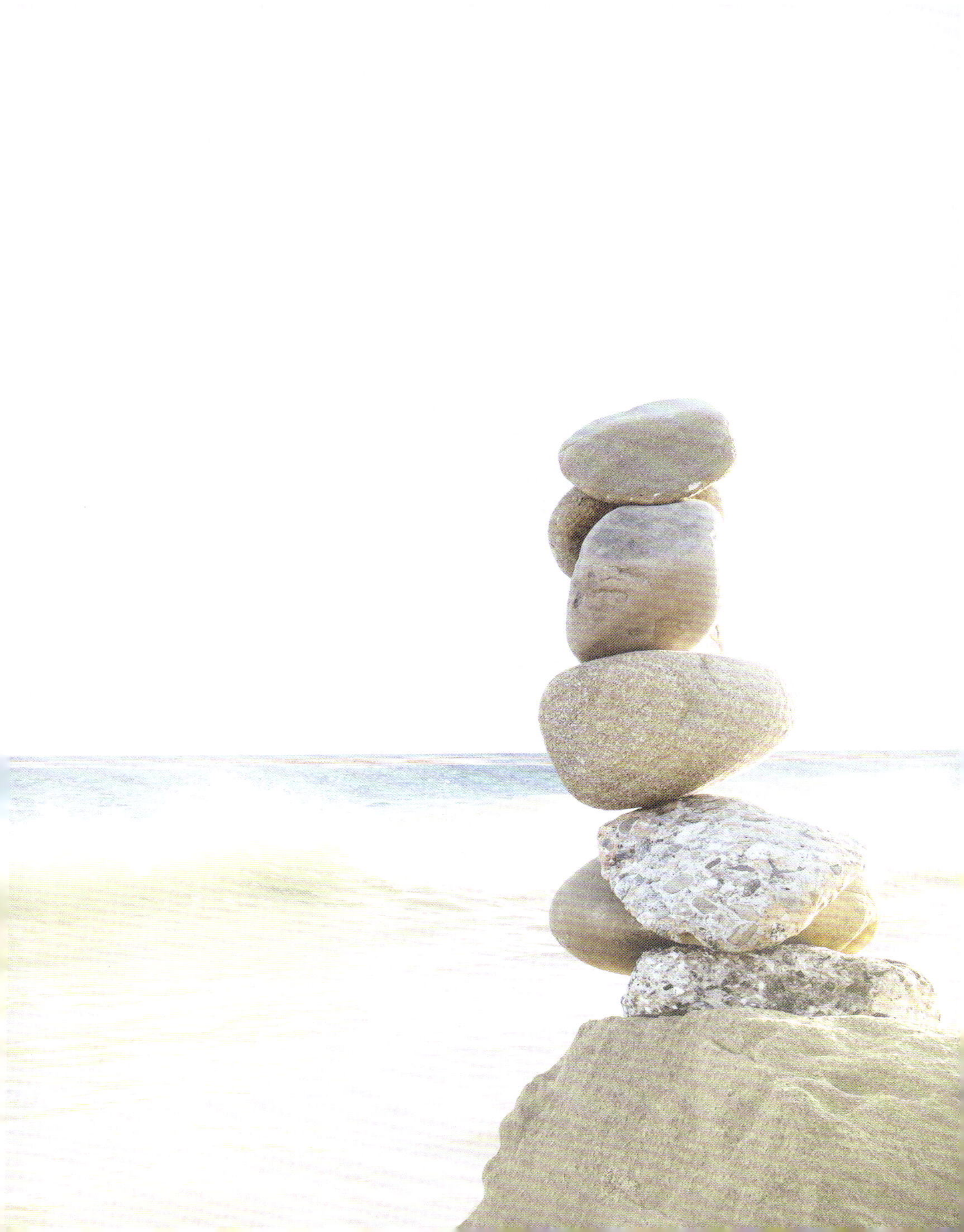

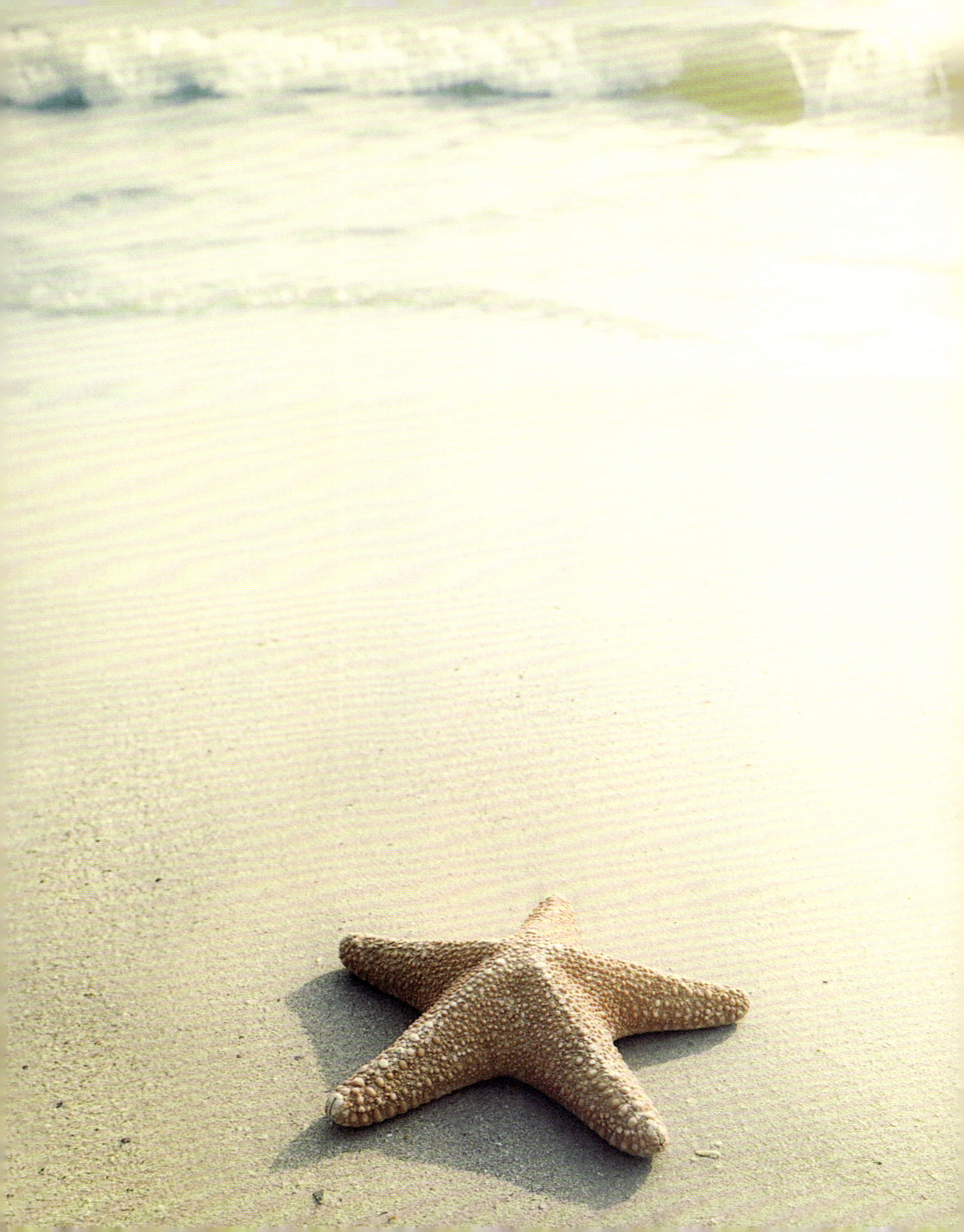

*A iluminação significa chegar
a um nível acima do pensamento,*

não ficar abaixo dele.

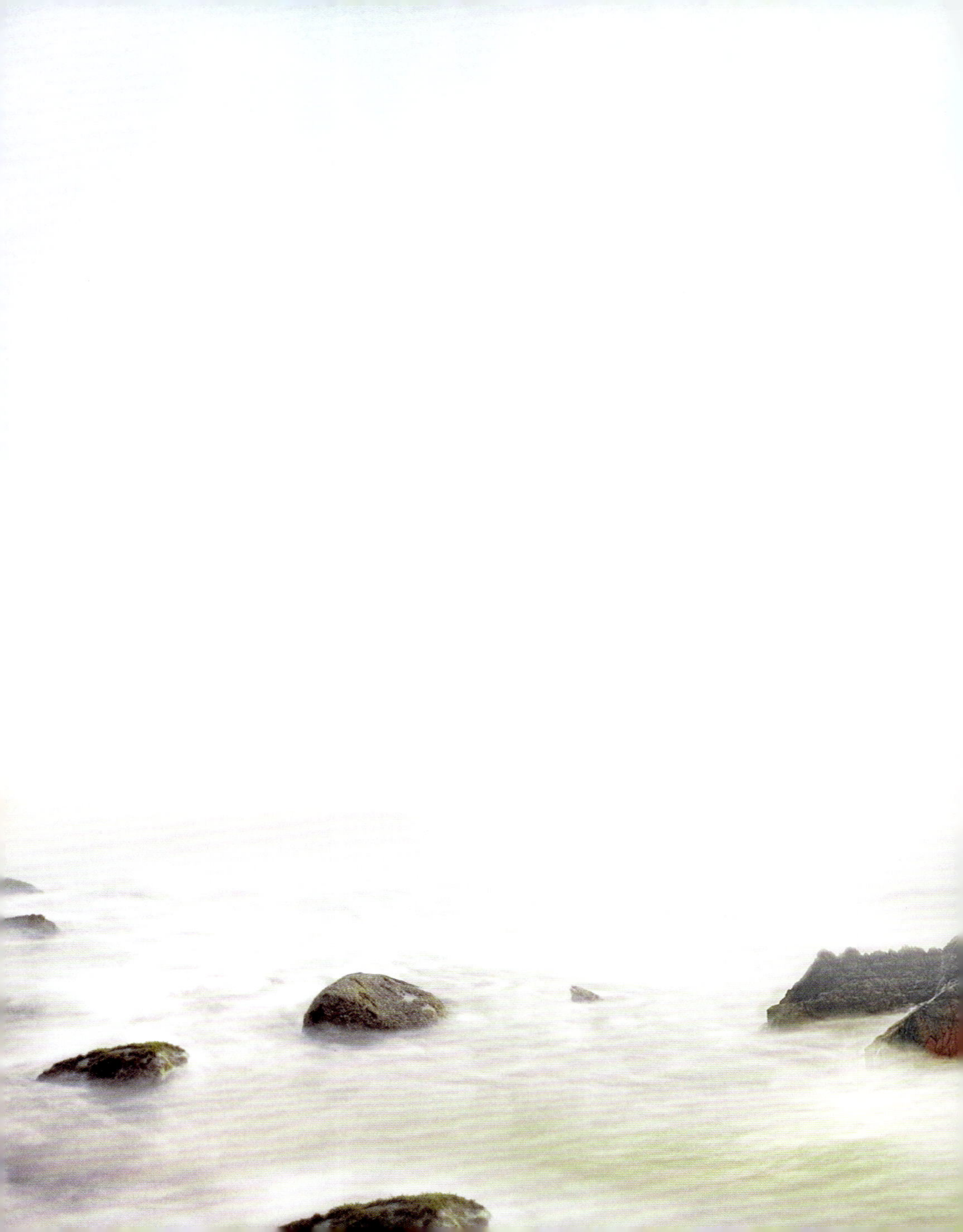

Em vez de "observar o pensador", podemos também criar um espaço no fluxo da mente, direcionando o foco de nossa atenção para o Agora.

Torne-se consciente do momento presente.

Qualquer emoção *cede e se transforma*
quando colocamos a presença sobre ela.

Se você achar difícil entrar diretamente no Agora, comece observando como a sua mente tende a fugir do momento presente.

A verdade é que o único poder que existe está
bem aqui neste momento:
é o poder da sua presença.

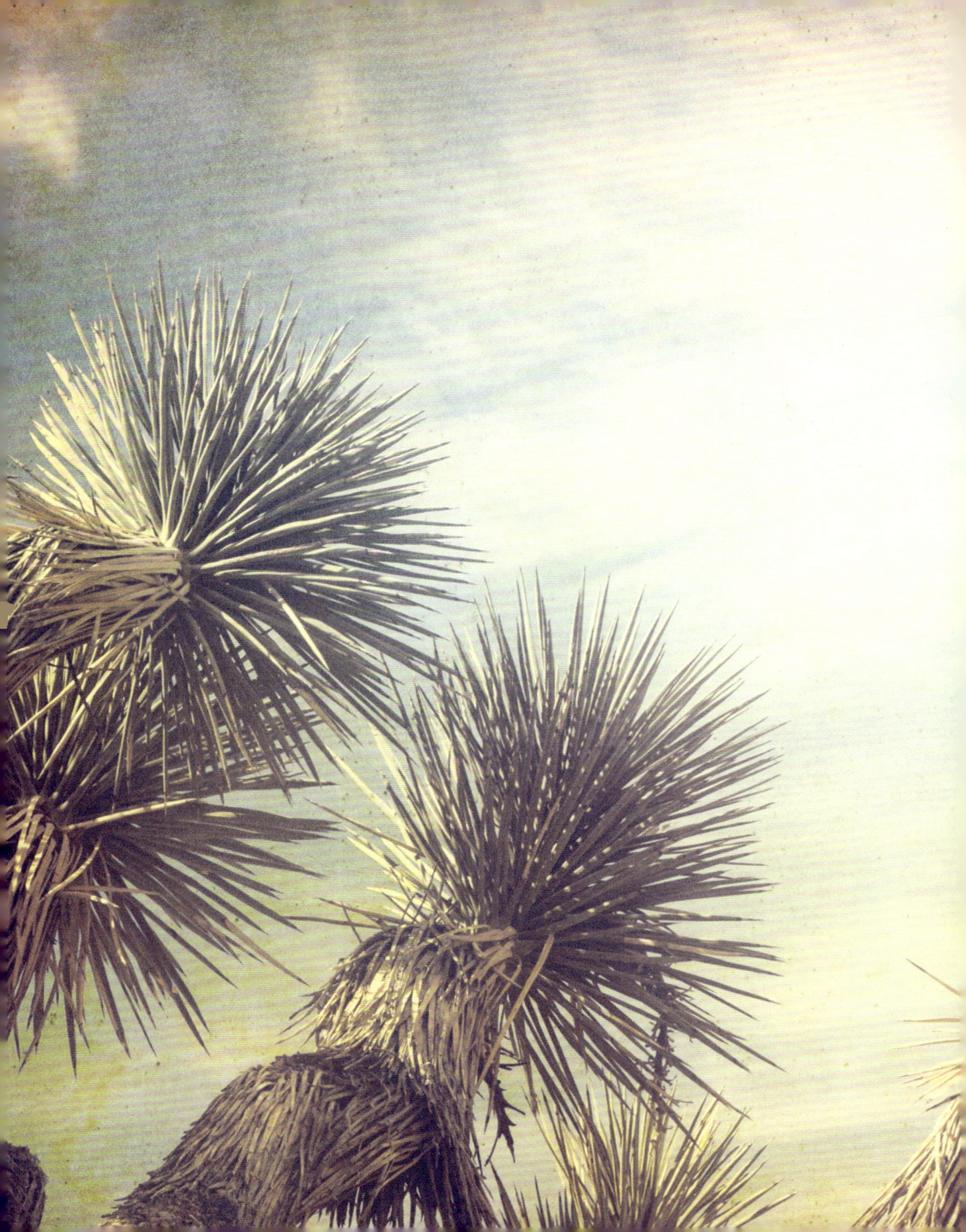

**Pergunte-se qual é o seu problema
  neste exato momento,** não no ano que vem, amanhã ou daqui a cinco minutos.

O que está errado *neste exato momento?*

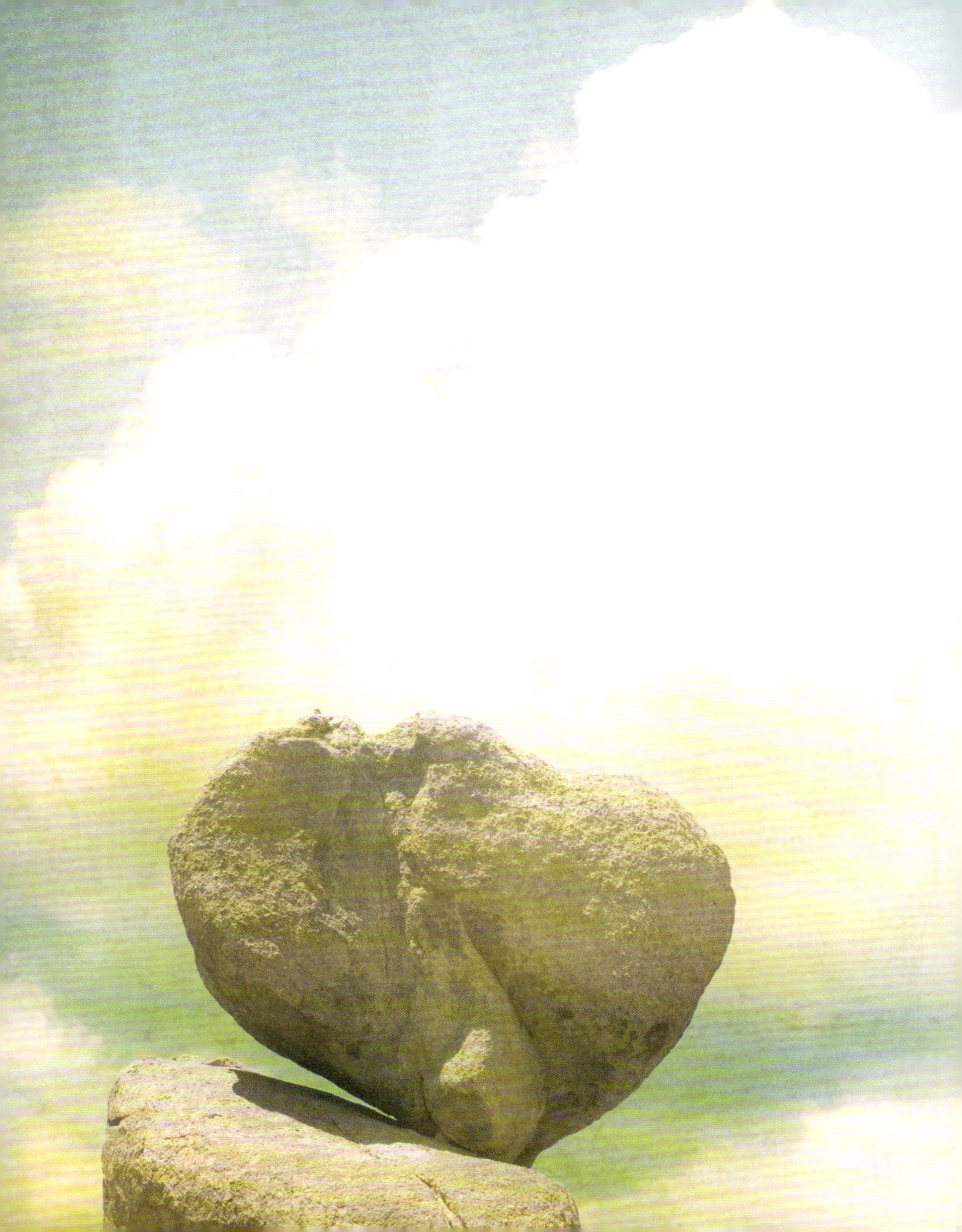

Sempre que perceber alguma forma de negatividade crescendo dentro de você, não olhe para ela como um fracasso, mas sim como um sinal que está lhe dizendo: *"Acorde. Largue a sua mente. Esteja presente."*

Observe as muitas maneiras pelas quais o desconforto, o descontentamento e a tensão surgem dentro de você, seja através de julgamentos desnecessários, resistência àquilo que *é* ou negação do Agora.

Fui acordado por um pássaro
cantando no jardim.
Nunca tinha ouvido um som tão maravilhoso antes.

Meus olhos ainda estavam fechados,
e vi a imagem de um diamante precioso.
*Sim, se um diamante pudesse emitir um som,
é assim que ele seria.*

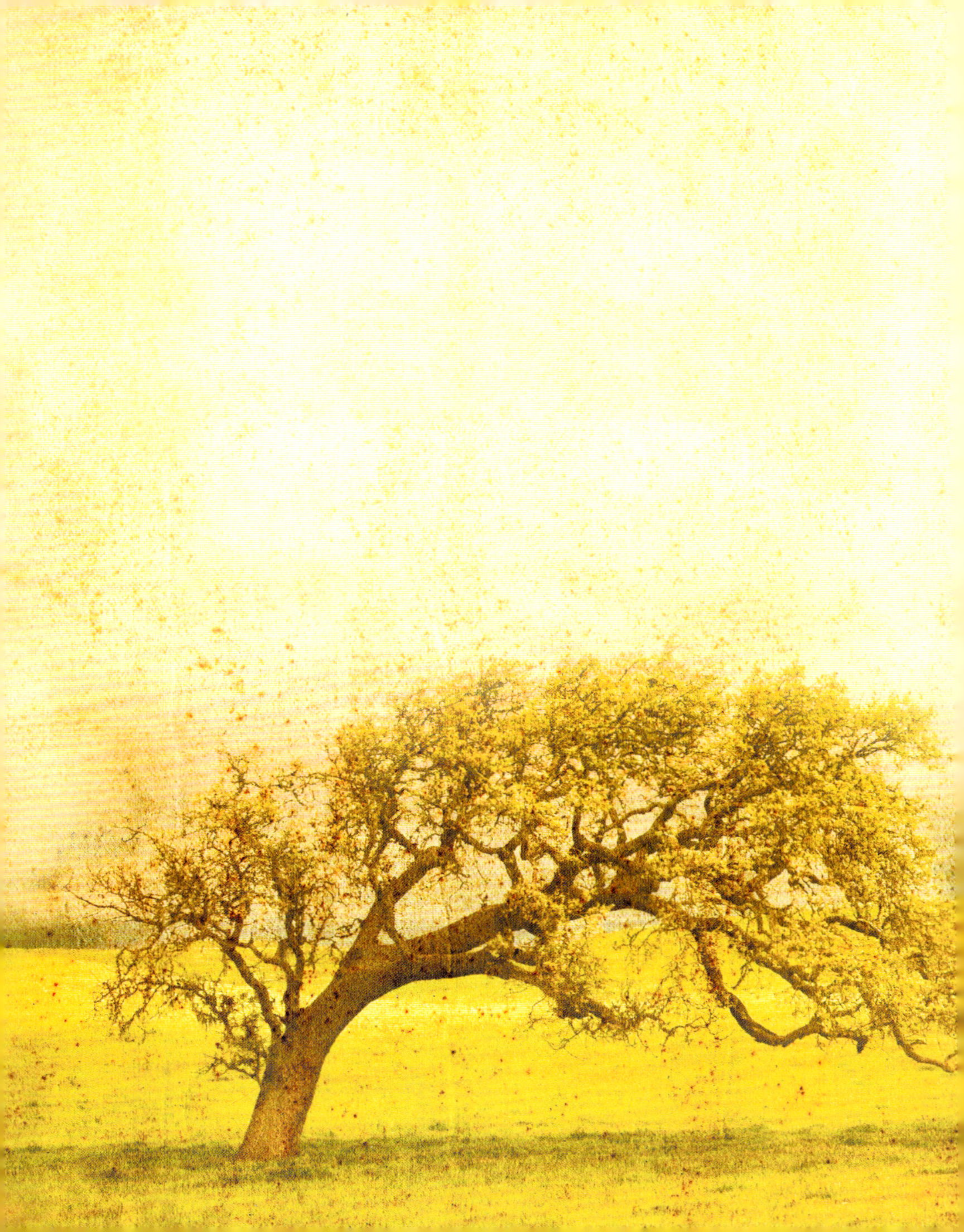

Se você já tiver vivido bastante tempo, certamente saberá
que as coisas "vão mal" com muita frequência.
É justo nesses momentos que a entrega
tem que ser praticada caso queiramos
eliminar o sofrimento e as mágoas da nossa vida.

Diga sempre "sim" ao momento atual.
Renda-se ao que é.
Diga "sim" para a vida e veja como, de repente,
ela começa a trabalhar a *seu favor*, e não contra você.

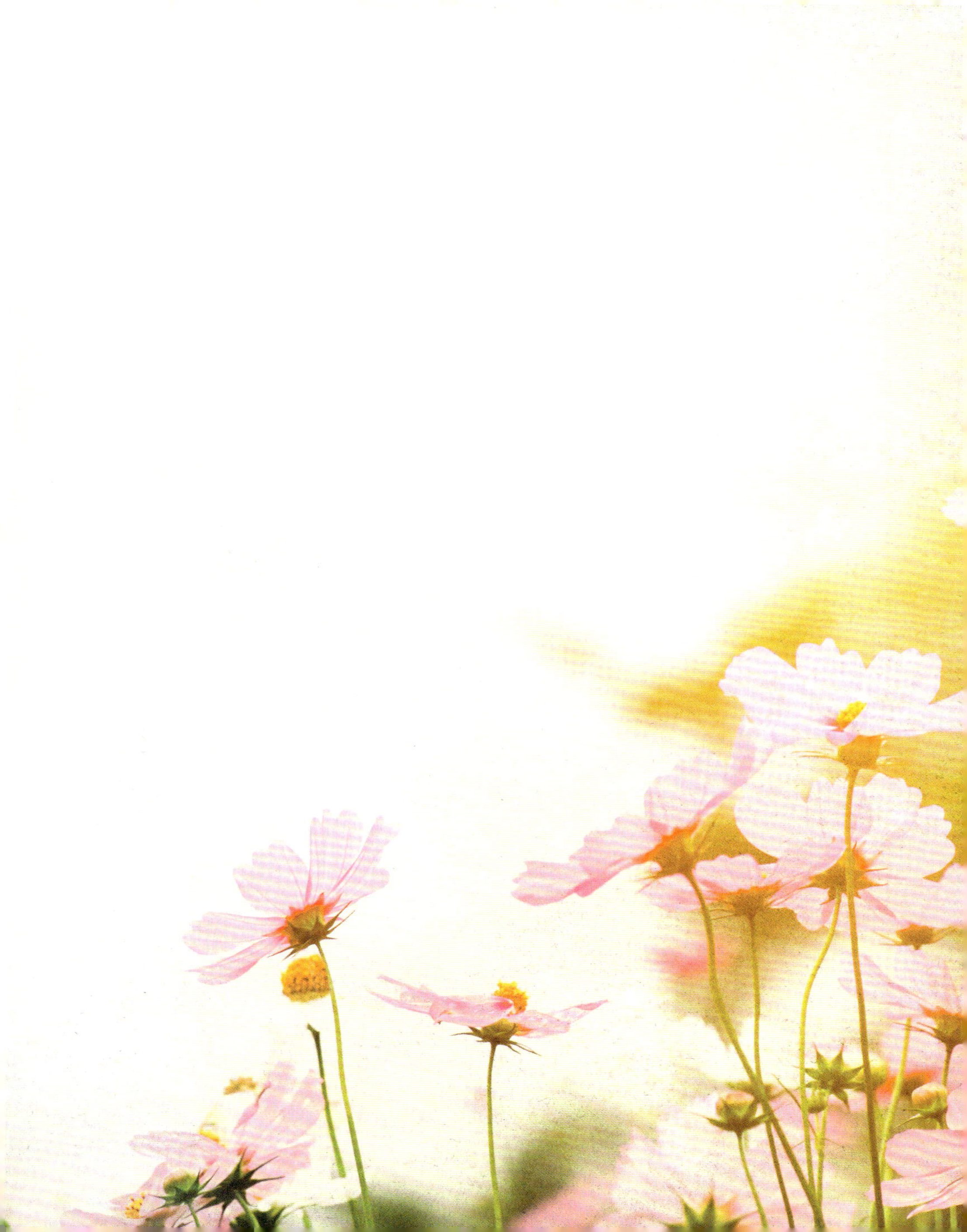

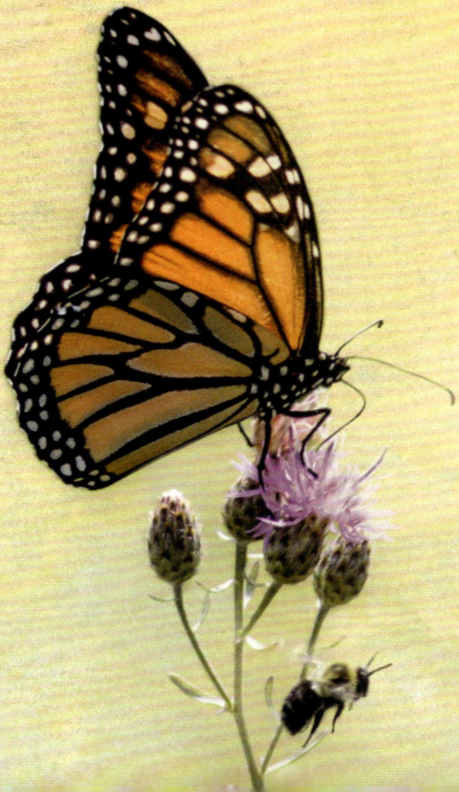

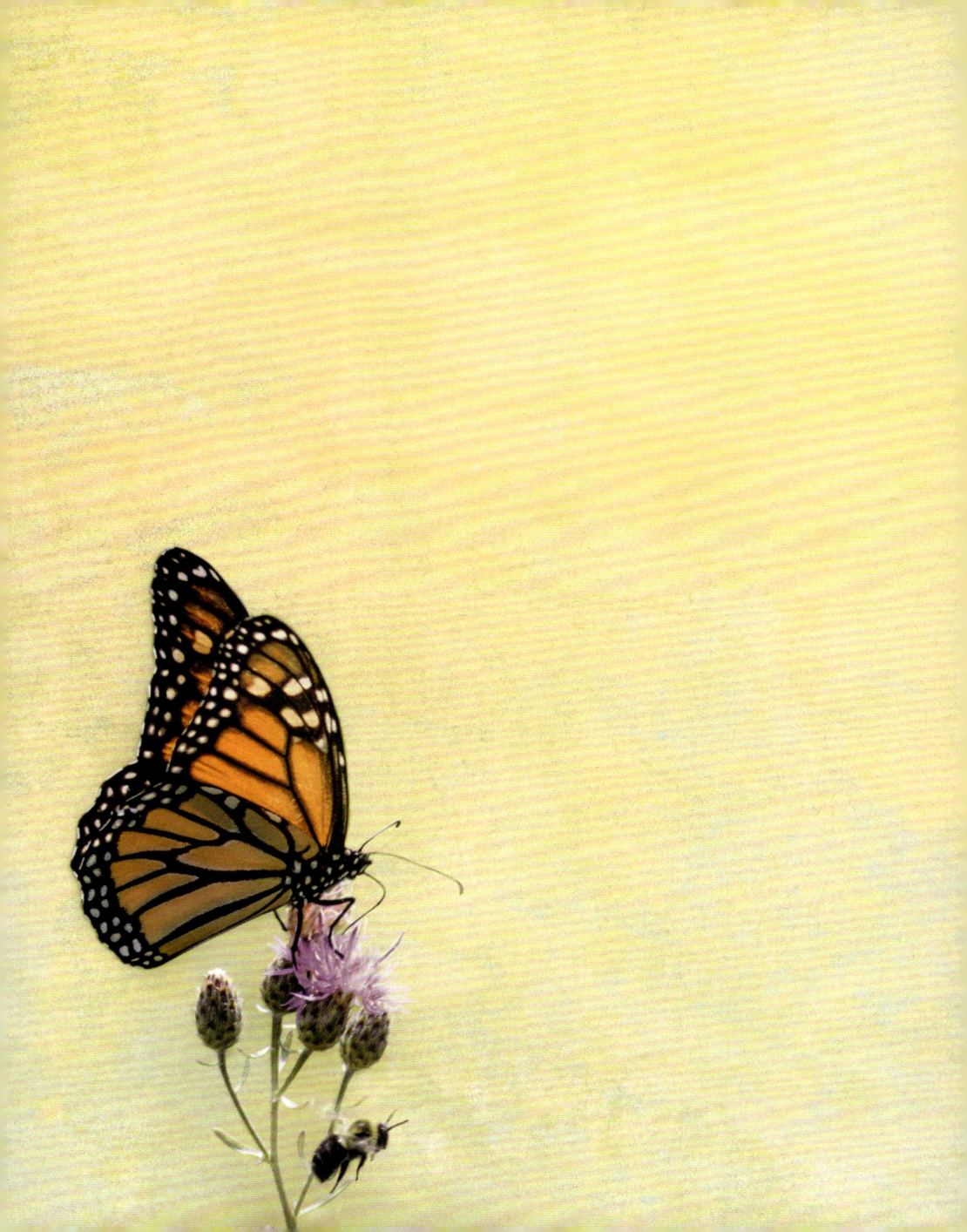

Dizem que nada neste mundo é tão parecido com Deus quanto o silêncio.
Só o que temos que fazer é *prestar atenção.*

E o que é serenidade senão a presença,
a consciência livre das formas de pensamento?

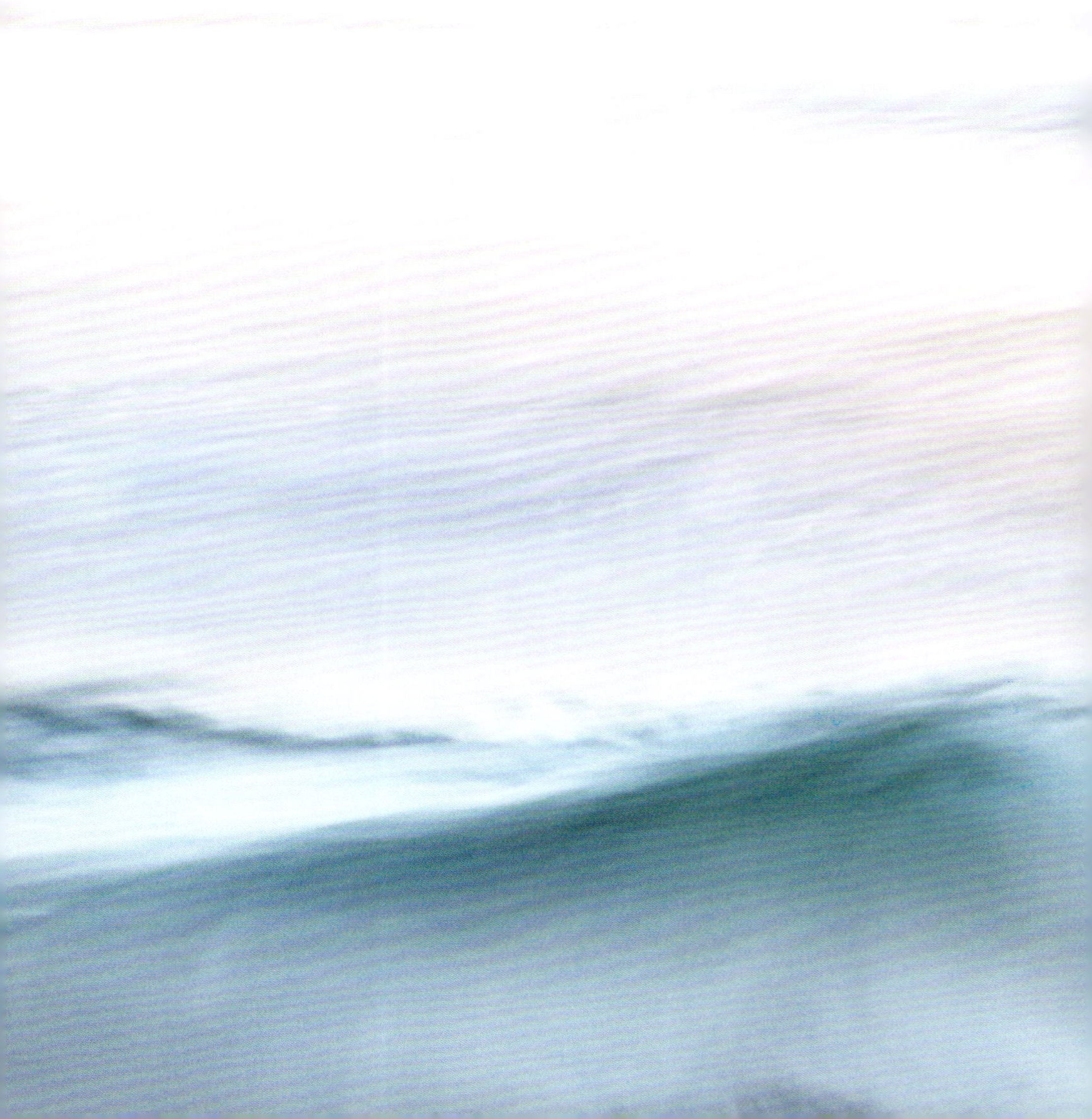

Existem muitas maneiras de criar um espaço
no fluxo contínuo de pensamentos.
É disso que trata a meditação.

Mesmo quando há barulho, há sempre um pouco de silêncio sob e entre os sons. Ouvir o silêncio cria *imediatamente uma serenidade dentro de nós.*

A presença é a consciência pura, a consciência que foi recuperada da mente, do mundo da forma.

Nenhuma outra forma de vida no planeta conhece a negatividade, somente os seres humanos, assim como nenhuma outra forma de vida violenta e envenena a Terra que a sustenta.

É fundamental colocar mais consciência em sua vida durante as situações comuns, quando tudo está correndo de modo relativamente tranquilo. É assim que se *aumenta o poder da presença*.

A compaixão é a consciência de uma forte ligação entre você e todas as criaturas.

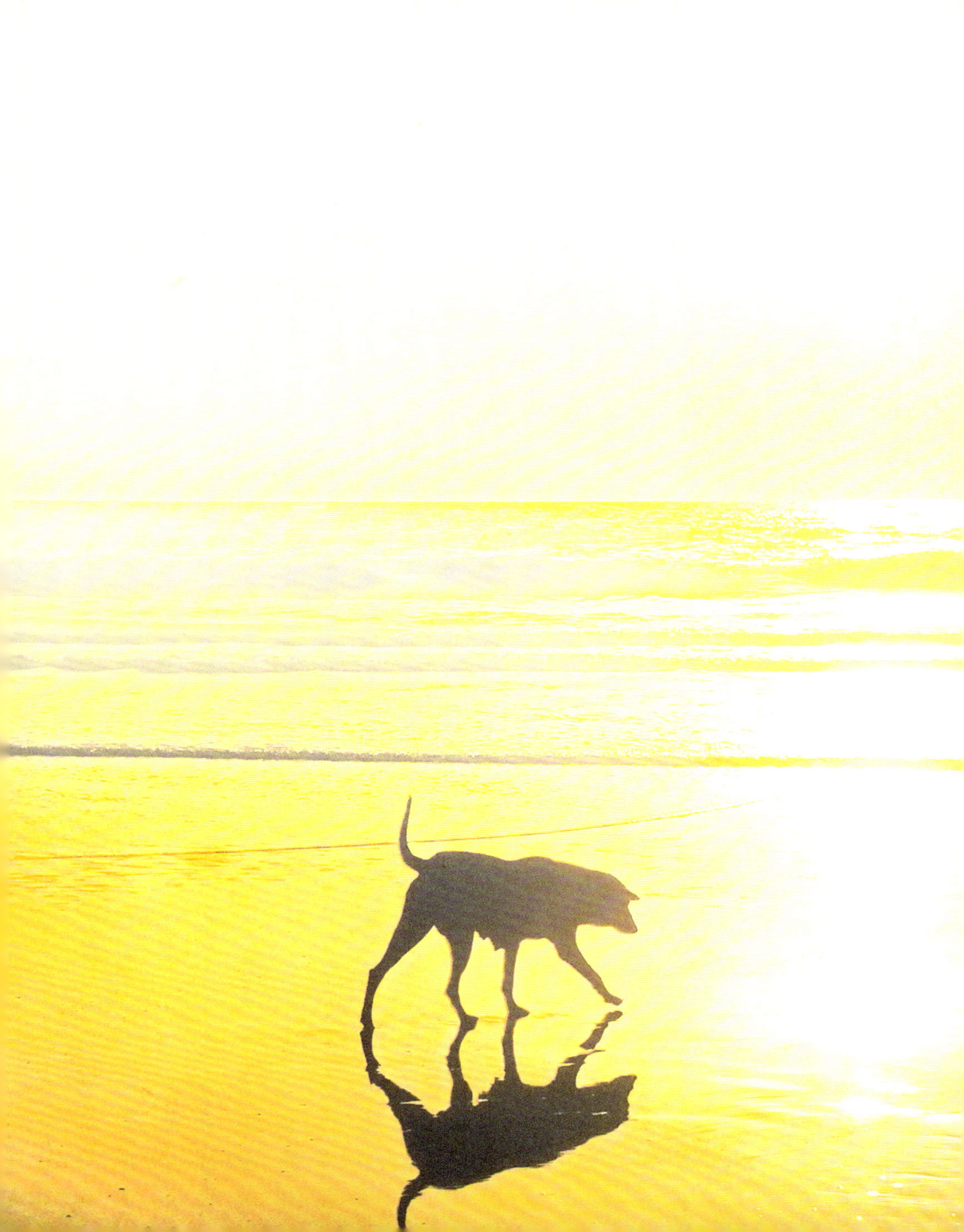

Torne-se um alquimista.
    Transforme o metal em ouro,
        o sofrimento em consciência,
    a infelicidade em iluminação.

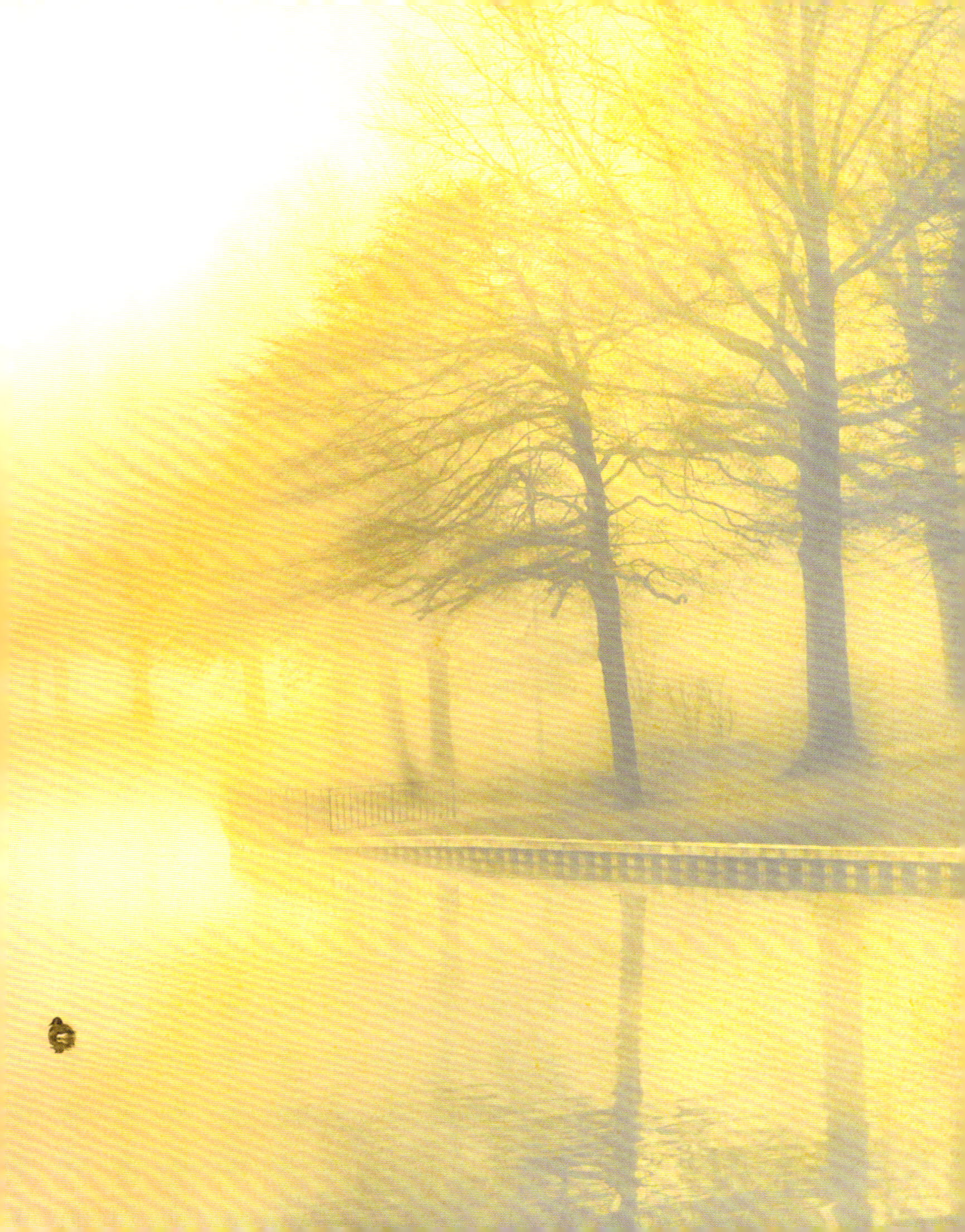

Observe as plantas e os animais, aprenda com eles a aceitar aquilo que *é* e a se entregar ao Agora. Deixe que eles lhe ensinem o que é Ser.

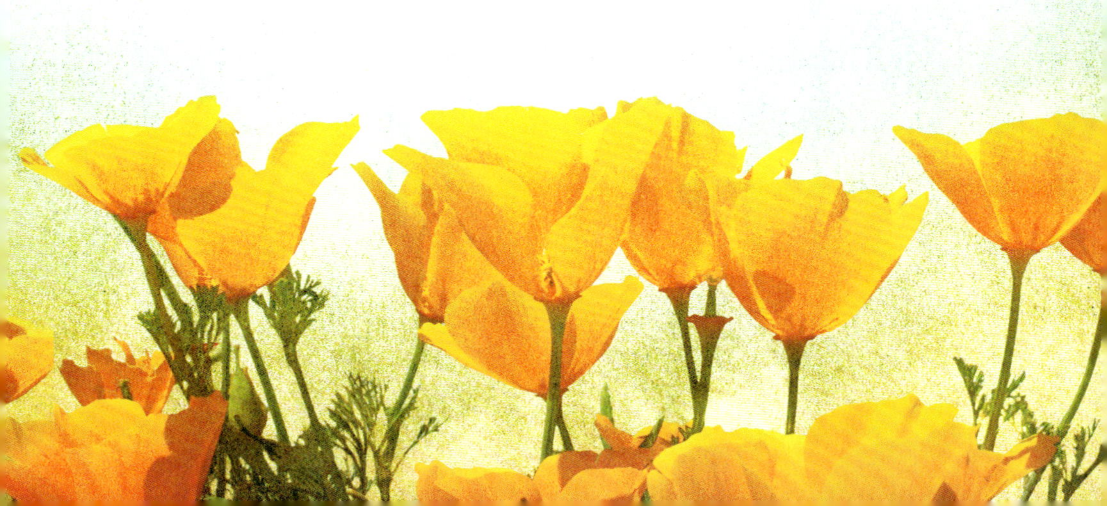

Lampejos de amor e alegria ou breves instantes de paz profunda podem ocorrer sempre que houver um espaço no fluxo dos pensamentos.

Meu quarto estava iluminado pelos primeiros
raios de sol da manhã. Sem pensar em nada,
eu senti – soube – que existem muito mais coisas
para vir à luz do que nós percebemos.

Aquela luminosidade suave
 que atravessava as cortinas do meu quarto
  era o próprio amor.

Utilize os seus sentidos plenamente. Esteja onde você está.

Olhe em volta. Apenas olhe, não interprete.

Veja as luzes, as formas, as cores, as texturas.

Esteja consciente da presença silenciosa de cada objeto.

Habitue-se a perguntar
o que está acontecendo com você neste exato momento.
Essa questão lhe indicará a direção certa.

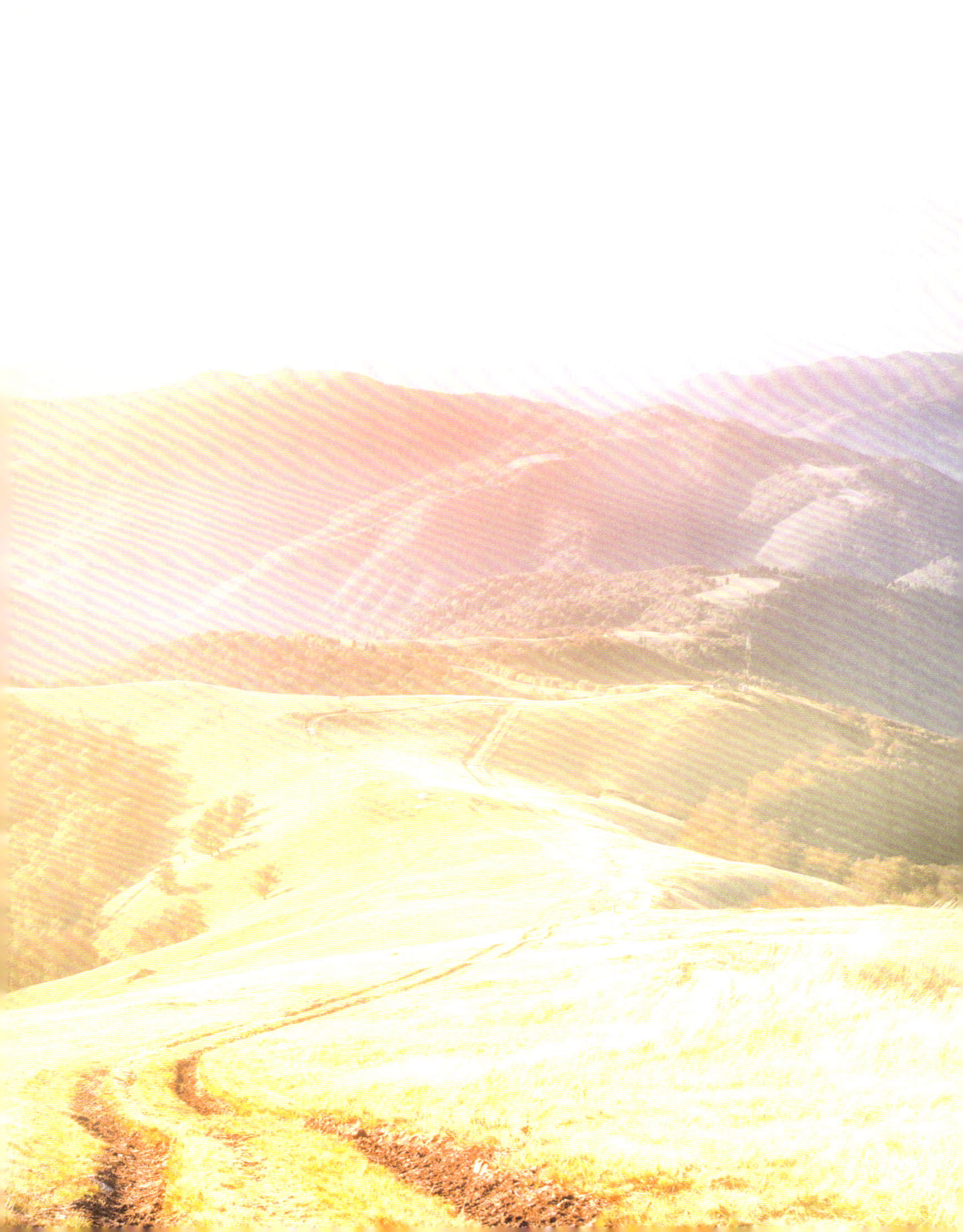

Os problemas são criados pela mente
e precisam de tempo para sobreviver.
Eles não conseguem perdurar na atualidade do agora.
Focalize sua atenção no Agora e verifique
quais são os seus problemas neste exato momento.

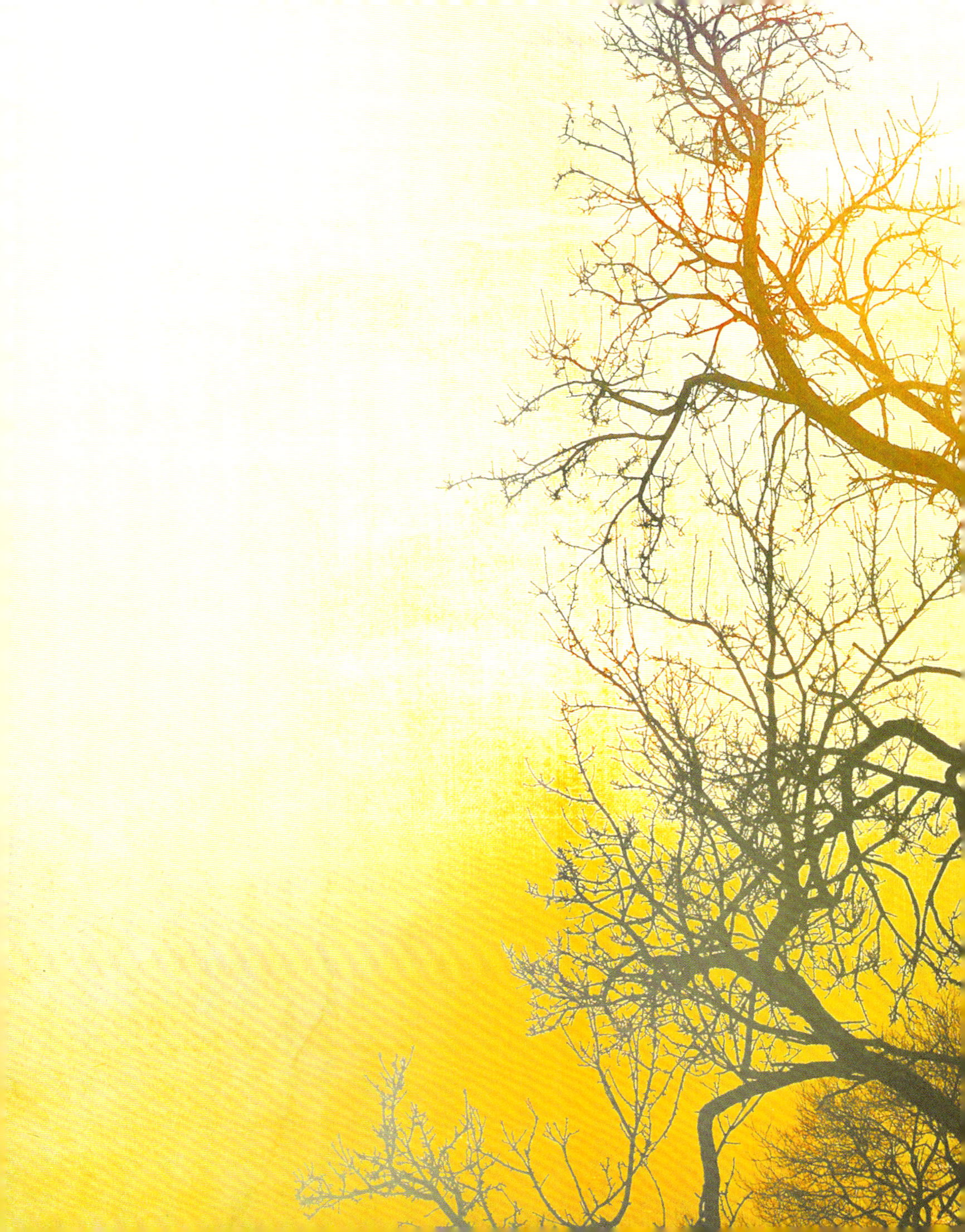

Esqueça a situação da sua vida por um instante
e preste atenção na sua vida.
A nossa situação de vida existe no tempo.
Nossa vida é agora.
Nossa situação de vida é coisa da mente.
Nossa vida é real.

É uma presença silenciosa mas intensa, que dissolve os padrões inconscientes da mente. Eles podem até permanecer ativos por um tempo, mas não vão mais governar a sua vida.

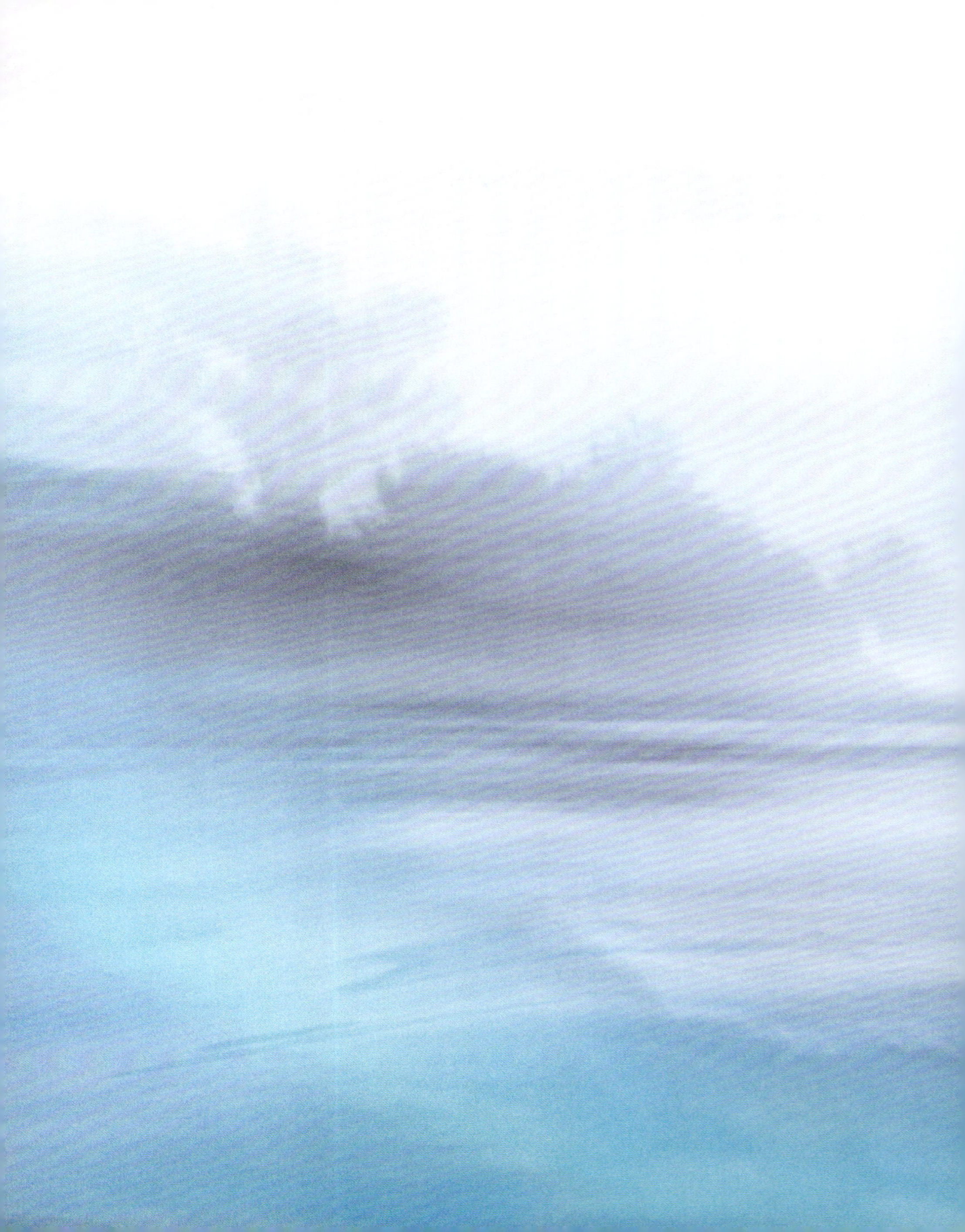

Não há nada que você precise entender
antes de conseguir se tornar presente.

Quando lavar as mãos, preste atenção em todas as sensações provocadas por essa ação, como o som e o contato da água, o movimento das suas mãos, o cheiro do sabonete, e assim por diante.

Nada jamais aconteceu no passado; aconteceu no Agora.

Nada jamais acontecerá no futuro;
acontecerá no Agora.

A iluminação escolhida conscientemente significa abandonar o apego ao passado e ao futuro e
fazer do Agora o ponto principal da nossa vida.

Quando tomamos consciência do Ser, o que de fato acontece
é que o Ser se torna consciente de si mesmo.
Quando o Ser toma consciência de si mesmo,

isso é presença.

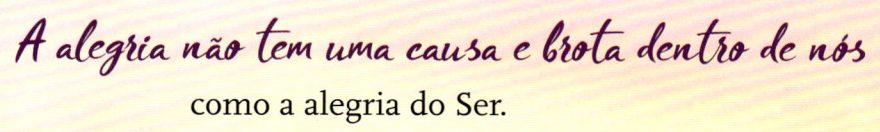

A alegria não tem uma causa e brota dentro de nós
como a alegria do Ser.
É uma parte essencial do estado de paz interior,
conhecido como a paz de Deus.

É o nosso estado natural,

    não algo pelo qual tenhamos que lutar para conseguir.

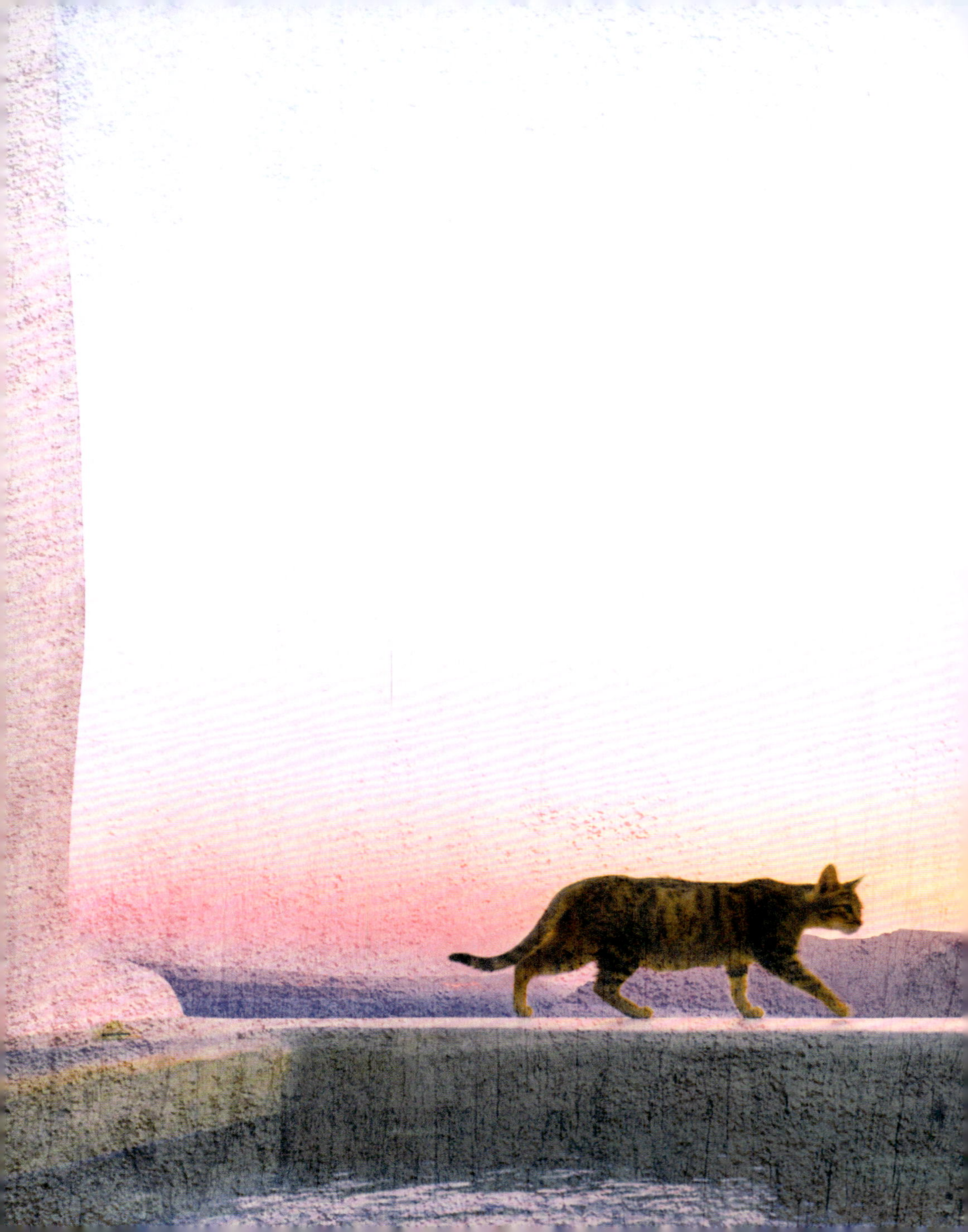

A consciência do corpo nos mantém presentes.
Ela nos dá uma base firme no Agora.

Todos os mundos são basicamente um só.
No momento em que a consciência humana coletiva
tiver se transformado,

a natureza e o reino animal irão refletir essa transformação.
Isso aponta para a possibilidade
*de um ordenamento da realidade
completamente diferente.*

Saber que cada um de nós é o Ser por baixo do pensador,
a serenidade por baixo do barulho mental,
o amor e a alegria por baixo da dor,
significa liberdade, salvação e iluminação.

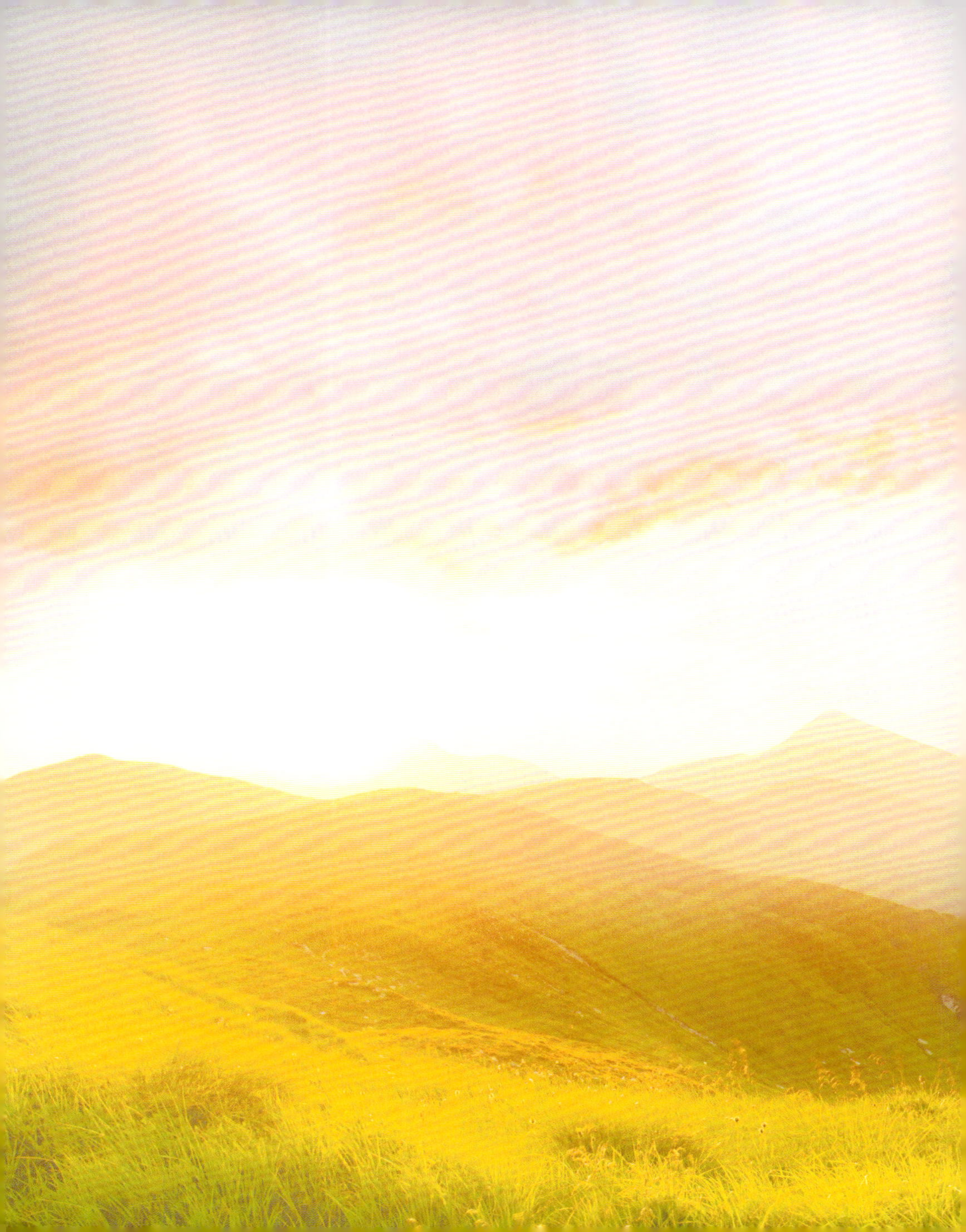

A presença remove o tempo.
Sem o tempo, nenhum sofrimento
e nenhuma negatividade conseguem sobreviver.

Com a prática, a sensação de paz
        e serenidade vai se intensificar.
Na verdade, essa intensidade não tem fim.
        Você também vai sentir brotar lá de dentro
uma sutil emanação de alegria: a alegria do Ser.

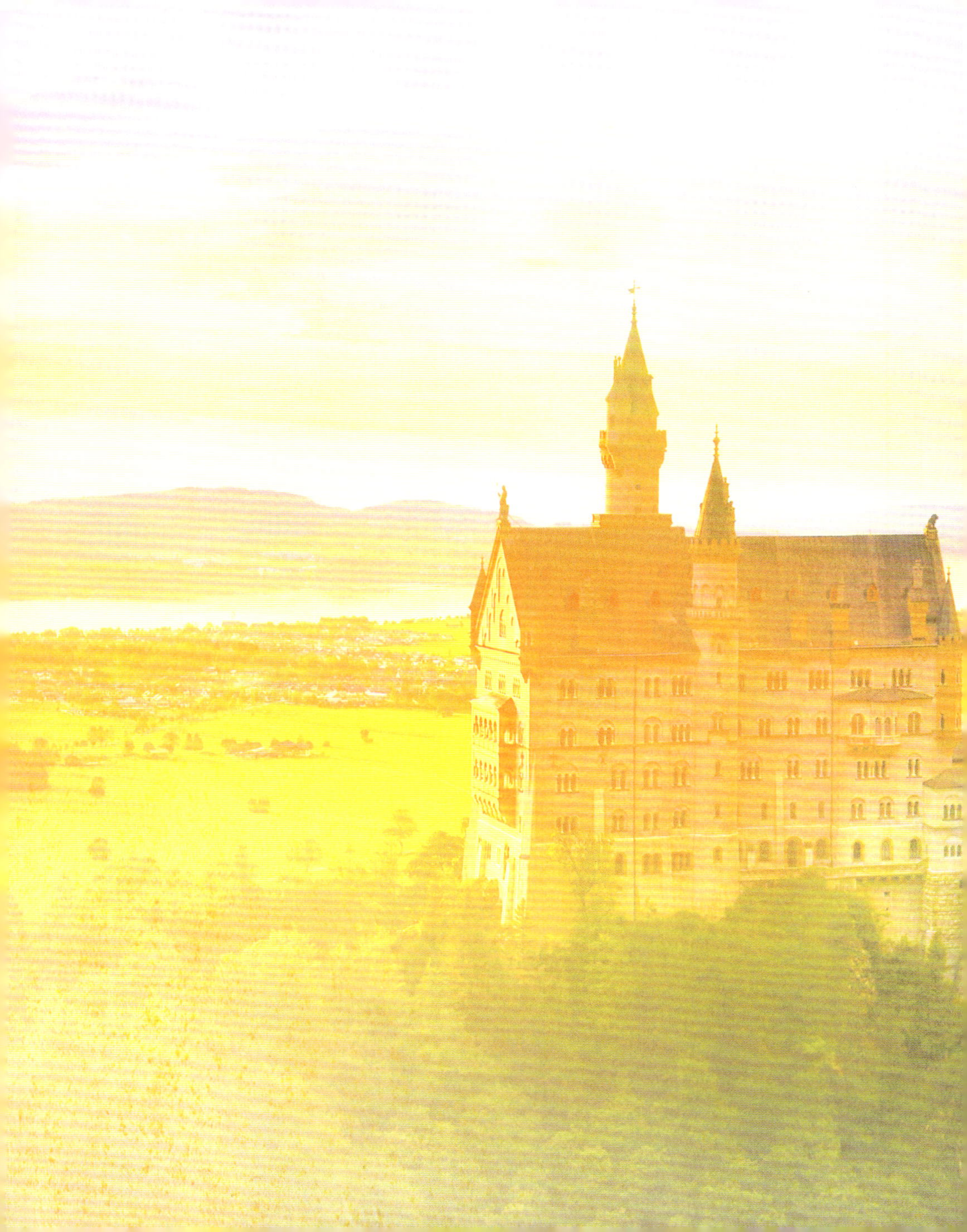

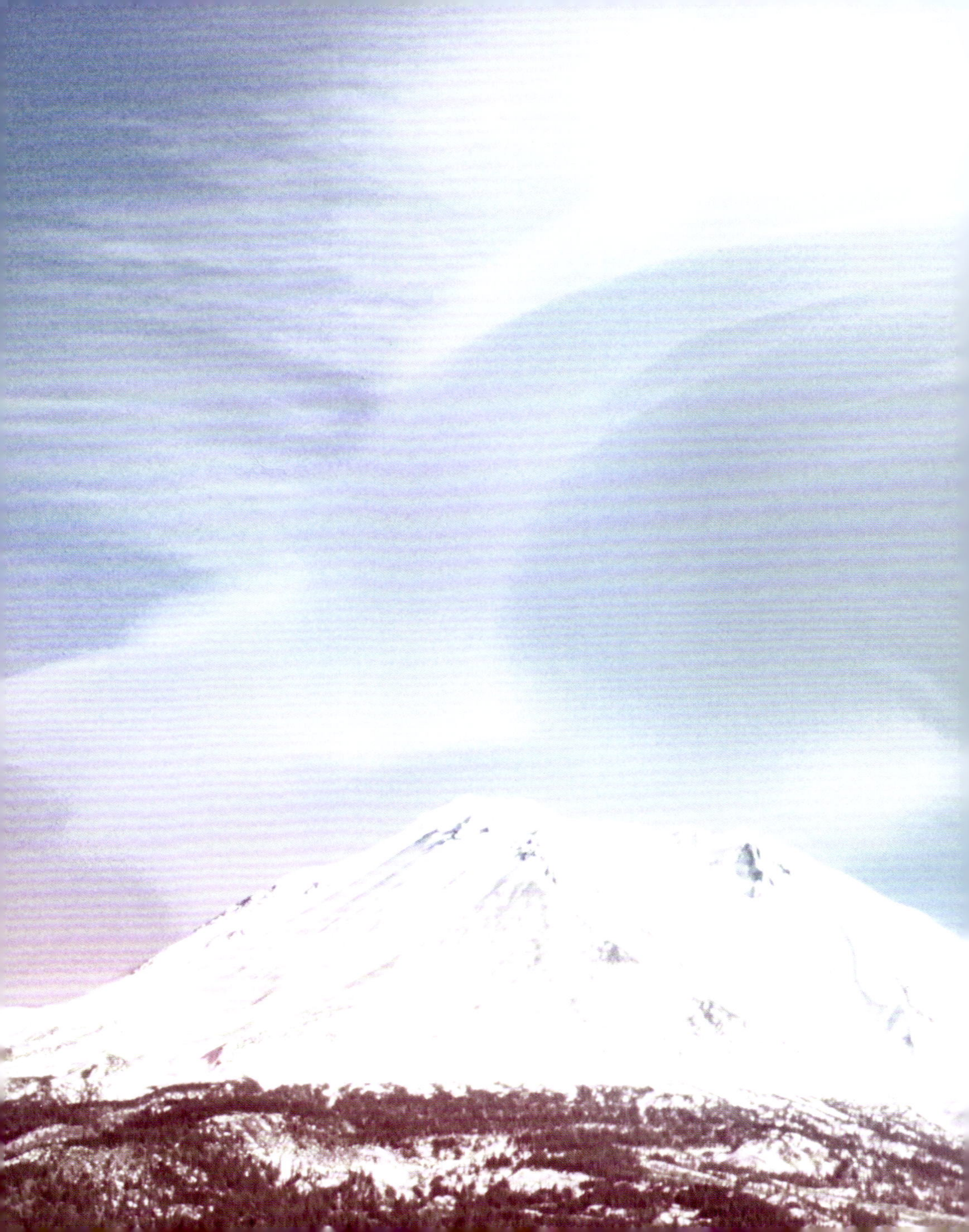

Essa quietude e imensidão que permitem
 ao universo *ser*... estão também dentro de nós.
Quando estamos inteira e totalmente presentes,
 nós o encontramos como o espaço interior
 e sereno da mente vazia.

Não existe nada que possamos fazer ou obter
que nos aproxime mais da salvação
do que o momento presente.
Não podemos fazer isso no futuro.

Quando vivemos em uma completa aceitação do que *é*,
todos os dramas da nossa vida chegam ao fim.

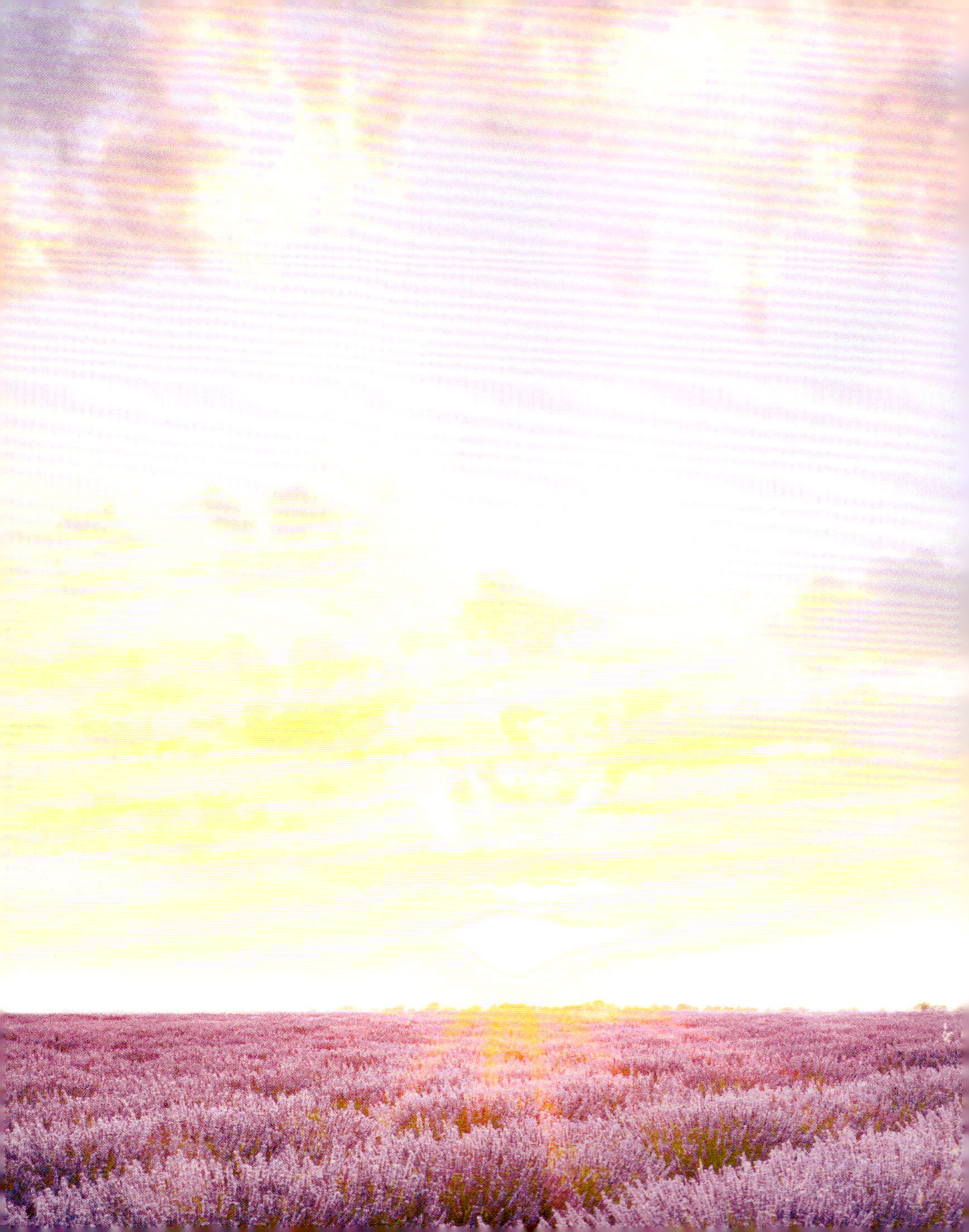

Se desviar a atenção das *coisas* – os objetos no espaço –,
você desvia a atenção dos objetos da sua mente também.
Em outras palavras, você não pode pensar *e* ao mesmo tempo
estar consciente do espaço ou do silêncio.

O amor é um estado do Ser.
Não está do lado de fora, está bem lá dentro de nós.
Não temos como perdê-lo e ele não pode nos deixar.
Não depende de um outro corpo ou de nenhuma forma externa.

A sua paz será tão grande e profunda
que tudo que não for paz desaparecerá nela,
como se nunca tivesse existido.

Todas as pessoas com quem você mantiver contato
serão tocadas pela sua presença
e afetadas pela paz que você emana,
quer elas estejam ou não conscientes disso.

Este livro contém trechos selecionados de
O poder do Agora

Nós passamos a maior parte da vida pensando no passado e fazendo planos para o futuro. Ignoramos ou negamos o presente e adiamos nossas conquistas para algum dia distante, quando conseguiremos tudo o que desejamos e seremos, finalmente, felizes.

Mas, se queremos de fato mudar nossa vida, precisamos começar neste momento. Esta é a mensagem simples mas transformadora de Eckhart Tolle: viver no Agora é o melhor caminho para a felicidade e a iluminação.

Combinando conceitos do cristianismo, do budismo, do hinduísmo, do taoismo e de outras tradições espirituais, Tolle elaborou um guia de grande eficiência para a descoberta do nosso potencial interior.

Este livro é um manual prático que nos ensina a tomar consciência dos pensamentos e das emoções que nos impedem de vivenciar plenamente a alegria e a paz que estão dentro de nós.

Sobre o autor

Eckhart Tolle é autor de *O poder do Agora, Praticando o poder do Agora, O Poder do silêncio* e *Um novo mundo: o despertar de uma nova consciência*. Ele nasceu na Alemanha, onde viveu até os 13 anos. Formado pela Universidade de Londres, tornou-se pesquisador e supervisor de pesquisas da Universidade de Cambridge. Aos 29 anos, passou por uma mudança espiritual que transformou sua vida. Mestre espiritual de renome internacional, realiza palestras sobre seus ensinamentos em todo o mundo. Vive em Vancouver, no Canadá.

Para conhecer seus livros, áudios e vídeos, visite:

EckhartTolle.com

CONHEÇA OS LIVROS DE ECKHART TOLLE

O poder do Agora

Praticando o poder do Agora

Um novo mundo: o despertar de uma nova consciência

O poder do silêncio

Para saber mais sobre os títulos e autores da Editora Sextante, visite o nosso site. Além de informações sobre os próximos lançamentos, você terá acesso a conteúdos exclusivos e poderá participar de promoções e sorteios.

sextante.com.br